I0781408

Conny Melchiorre

Lo scrigno di Natale

PROLOGO

Le fiammelle che volteggiano in una danza invernale, oltre a scaldarmi le mani intirizzite, rischiarano il mio cuore, tra ricordi e progetti per il futuro.

Amelia, mia moglie, mi cerca varcando l'arco che porta al salone, decorato con agrifogli e vischio.

Immaginate un signore di mezza età, appisolato su una sedia a dondolo, con una coperta a scacchi sulle gambe ed il suo fido cagnolino accovacciato sulle ginocchia. Bene, quello sono io.

Amelia mi chiama sorridendo, mostrandomi il vassoio rosso con due grandi tazze, colme fino all'orlo di cioccolato caldo ricoperto di panna montata. Una per me, una per lei.

Accipicchia, anche se sono stanchissimo, basta poco per farmi tornare le energie! D'altronde siamo nel periodo dell'anno che preferisco, giacché ne sono custode e animatore.

A questo punto lo avrete intuito, no? Mi chiamo Babbo Natale…

Il tempo scorre in modo diverso nella mia vita, rispetto alla vostra.

Sono da sempre stato così, un misto di fantasia e realtà, tra passato, presente e futuro.

Clauss

Sui prati vicino casa nostra, è adagiato un manto di neve perenne, e se esco fuori a passeggiare, la bassa temperatura mi punge il viso.

Eppure i candidi conigli che sbucano dal folto dei boschi e le risate dei miei amici elfi, che si rincorrono simili a fiori rossi e steli verdi sospinti dal vento, mi scaldano il cuore e il freddo non esiste più.

Anni fa anche i miei figli giocavano con loro, ma in visita nel mondo, hanno creato lontano le proprie famiglie. Sono comunque sereno perché vengono spesso a trovarci.

Con la mia slitta, li vado a prendere, perché non è facile trovare la strada per il Villaggio del Polo Nord. Anche io, a volte, se non fosse per le mie renne, e per il naso rosso di Rudolf che illumina il percorso, mi perderei tra le bianche tempeste.

Amelia Bucaneve, invece è sempre con me, dacché io ne abbia memoria.

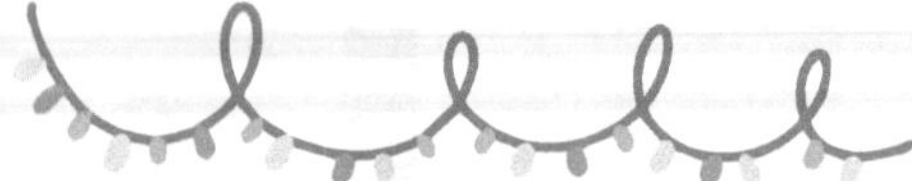

Cara, cara Amelia, è la fonte della mia allegria contagiosa, è la mia compagna premurosa.

Mia moglie è anche il mio braccio destro.

A volte entrando nella nostra biblioteca, la trovo alla scrivania dorata, intenta a consultare il grande diario, dove appunta i nomi dei fanciulli buoni e di quelli cattivi. Tale elenco non è mai definitivo, perché un bimbo dispettoso può correggersi e diventare rispettoso e un bimbo perbene qualche volta può sbagliare.

È un libro magico sapete?

Quando sembra di stare per arrivare alla fine, le sue pagine sempre aumentano. Sono le speranze dei bambini di tutta la Terra ad aggiungere ed aggiungere.

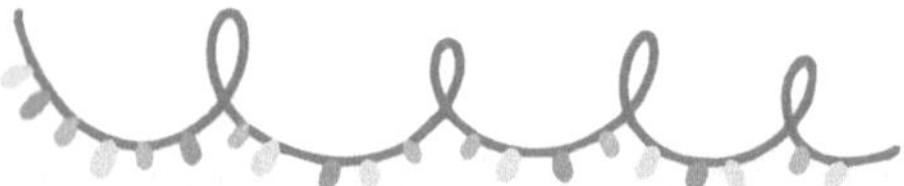

La mia Amelia, ha sempre un gran da fare nell'aggiornare le liste. Per questo si è procurata un potente telescopio, con cui sbirciare nella vita dei piccini, e una rete di elfi detective, per valutare il comportamento dei fanciulli.

Pensa lei stessa al loro addestramento, ed è Amelia a costruire gli strumenti che usano per comunicare con noi, alla base.

Un fiore *wolky tolky* con cui contattarci, una penna magica per i messaggi urgenti, un taccuino che seduta stante concretizza la parola che viene scritta.

L'elfo appunta, ad esempio, "orsacchiotto" e subito gli si posa tra mani il più adorabile dei *peluches*.

La mia compagna, infine, ha progettato una mini macchina teletrasportatrice per tornare al nostro villaggio, se si presenta qualche pericolo.

Ogni elfo detective dimora per un anno nella casa del piccolo assegnato, e poi in dicembre, inserisce degli appunti nella letterina scritta dal loro bambino e indirizzata a me. Vi segnano, con l'inchiostro invisibile, alcuni dettagli sulla vita dei piccini e mi svelano i segreti che sono custoditi nei loro cuori.

Certo questo lavoro è un onore destinato a pochi. I prescelti se lo devono meritare e sono ingaggiati solo se prima frequentano un corso intensivo di lingue straniere.

Noi qui parliamo il natalese, ma loro devono conoscere, prima di partire, le parole usate dal loro fanciullo. Sennò come fanno a scoprire se i piccoli imbastiscono bugie o sono sinceri?

Come sono cambiati nei secoli i pensieri che trovo scritti in quei fogli… invece i disegni sono più o meno gli stessi.

Chissà perché, poi, mi ritraggono grassottello, vecchierello e vestito di rosso. Dico io, non potrei essere muscoloso, coi capelli neri e vestito di verde? Che ne sanno loro se non mi hanno mai visto? Sto sempre molto attento a non essere scoperto dai bambini quando consegno i regali.

Vabbè, ve lo svelo, hanno ragione. Sono grassottello, vecchierello e con la barba e i capelli bianchi.

Io comunque suppongo di aver capito di chi è la colpa, se anche senza avermi mai incontrato, i più piccoli conoscono il mio aspetto. Devono essere stati i loro amici domestici. Cani, gatti, criceti, persino i pesci rossi fanno la spia. Loro sono sempre con l'orecchio vigile quando mi calo dai camini.

Lo sapete che gli animali possono parlare la nostra lingua per trenta minuti dopo la mezzanotte del 25 dicembre? È Gesù Bambino che quando è nato ha fatto loro questo dono.

Tutte le bestiole, anche quelle del bosco e della giungla, del deserto e del mare, possono colloquiare con gli umani. Ma solo per quegli unici trenta minuti in tutto l'anno. Pensate che gran voglia hanno di chiacchierare e di narrare le loro storie.

Ma devono essere riassuntivi e veloci, perché se non fanno in tempo a finire, devono aspettare l'anno successivo per concluderle.

Non tutti sono a conoscenza di questo miracolo. Credo che qualche bimbo debba averlo scoperto, alzandosi per fare la pipì, o per prendere un bicchiere d'acqua.

Comunque sto divagando. Torniamo al punto. Mi sto rivolgendo a voi perché voglio svelarvi un segreto.

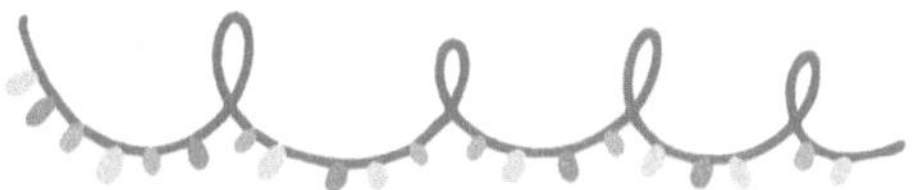

Come? Se è un segreto perché intendo parlarvene?

Le storie se non vengono raccontate agli altri sono perse per sempre.

E io non voglio che lo Scrigno di Natale cada nell'oblio.

È così importante per me… ogni volta che prendo tra le mani i piccoli oggetti che vi sono contenuti, rammento ciò da cui sono nato, ovvero le speranze dei bambini, e la ragione per cui faccio ciò che faccio: donare il sorriso a chi ne ha bisogno.

2

Lo Scrigno di Natale

Sono stato bambino anch'io, sapete?

Alla mia nascita ho ricevuto un dono, ereditato da mio nonno. La capacità di parlare con gli animali.

È stato il Pettirosso Mollalosso a darmi l'idea del mio forziere.

Lo so, lo so. Vi starete chiedendo come mai un uccellino così delizioso e piccolo, ha un nome tanto curioso.

La sua mamma lo ha scelto perché quando stava mettendo le piume, voleva diventare un cagnolino.

Mangiare i vermi gli faceva impressione!

Dal suo ramo s'accorse che i bambini amavano tanto

17

giocare con i cuccioli, e dopo le scorribande di corse e di acchiappa il bastone, seguivano sedute di coccole e ciotole di succulento cibo.

Insomma, Pettirosso si convinse che se anche lui avesse cominciato ad acchiappare gli ossi, sarebbe potuto diventare un cane.

Ma gli uccelli non sono cugini dei lupi e la sua mamma lo sapeva bene.

Così ogni volta che scorgeva il figlio fiondarsi lo sgridava: «Dai Pettirosso, Molla quell'osso.»

Avete capito adesso da dove è sorto il suo nomignolo?

Tenta e ritenta l'uccellino una volta cresciuto, ha compreso che è inutile combattere la propria natura ed è diventato un pettirosso vegetariano: solo semi e frutta a colazione, pranzo e cena.

Ha poi deciso che il suo lavoro nel bosco sarebbe stato "il dispensatore di consigli."

È per questo che vedendomi pensieroso, appoggiato al tronco del suo albero, ha cinguettato con me.

Io non ne sono rimasto stupito. Ve l'ho detto che sono abituato a chiacchierare con gli animali.

Lo ha incuriosito l'oggetto che avevo in mano.

Un bastoncino di un albero di quercia, molto simile ad un pupazzo.

La natura era stata molto brava a dargli forma umana. Testa, braccia, corpo e gambe. C'era anche un mini rametto che assomigliava ad un nasino e sul capo, il compagno di classe che me lo ha donato, aveva messo il cappellino di una ghianda.

Nonostante io ormai sia anziano, il gioco è ancora con me. Il suo nome è *Siku*, che in lingua inuit significa Ghiaccio.

Il mio cruccio, quel freddo pomeriggio, era come non perdere o far danneggiare *Siku*.

Così il Pettirosso Mollalosso mi ha narrato la storia dei re magi.

Melchiorre, Baldassare e Gaspare, s'incamminarono seguendo la stella cometa per raggiungere il luogo dove era nato Gesù Bambino, a Betlemme, e lungo la traversata custodirono in scrigni i loro doni per il bambinello.

Essi erano l'oro scelto perché è il dono riservato ai re, l'incenso perché Gesù è figlio di Dio, la mirra per ricordare che Egli è anche un uomo, nato per portare la pace.

«Perché non usi anche tu uno scrigno dove riporre le cose più preziose? –mi propose Mollalosso - Sai, mica devono essere per forza oggetti costosi. È più pregiato quanto è legato ai ricordi e al nostro cuore.

Io ciò che ho di più caro, lo porto addosso. È il mio petto rosso. È stato un dono che Gesù ha fatto a un mio antenato il mattino di Natale. Sai, il fuoco che scaldava la capanna si stava per spegnere quella notte, e il mio proproprozio sbattendo le ali vicino alle fiamme, senza timore che una scintilla potesse infuocarlo, evitò che le braci si spegnessero, spingendo il calore verso la culla.

Gesù quando s'accorse del suo amabile gesto, lo premiò con quelle piume rosse, passate di padre in figlio, e giunte fino a me. Il colore ricorda la fiamma, a memoria perenne del suo gesto.»

«Ma io non ho denaro per acquistare uno scrigno» - gli comunicai dispiaciuto.

«Il pregio, caro mio, non sta nell'involucro esterno, ma nei tesori dell'anima.»

Fu così che andai nel bosco e scovai il ciocco di legno più bello e grande che avessi mai visto. Mi feci prestare da Jonas, il vecchio allevatore di renne, il suo scalpellino più robusto. Prima scavai e poi intarsiai il tronco. Divenne davvero splendido.

Il primo ricordo che vi custodii fu proprio *Siku* e in effetti, nel corso degli anni, vi, ho riposto ciò che mi rammenta gli esseri più speciali.

Lo scrigno non resta mai chiuso per troppo tempo.

Mi piace guardare spesso quanto contiene.

Ora che ci penso, ancora non vi ho spiegato come ho avuto *Siku*.

3

Jiku e il valore del donare

La mia famiglia non era ricca, ma c'era chi se la passava peggio.

Difatti, se ogni tanto il mio stomaco brontolava per il poco cibo, lo spirito era sempre caldo grazie all'amore che regnava tra le mura domestiche.

L'allegria e la fantasia rendevano migliore quel poco che avevamo e la mia mamma, quando andavo a scuola, riusciva sempre a mettere insieme qualcosa per la gavetta.

I compagni più ricchi, a volte, mi prendevano in giro per il mio rancio, ma a me non importava. Sapevo che i miei genitori si erano privati di parte della cena, per racimolare una merenda per l'indomani.

A volte si trattava di pane e patate lesse, altre di un pezzetto di uovo sodo.

Inusuale, rispetto a pane e prosciutto o salame. Per questo mi deridevano.

Era ancora più povera della mia, la famiglia di Alfur, un compagno che, alla pausa, non aveva mai nulla da mettere sotto i denti. Sapeste come se ne vergognava…

Pensai, che se a lui non fosse dispiaciuto, avrei potuto offrigli ogni giorno un po' di cibo dalla mia colazione. Era sempre meglio di niente.

Mi guardò commosso e divorò quel poco che gli porgevo.

Diventammo ancora più amici. All'epoca avevamo sette anni.

Un giorno Alfur mi chiese di seguirlo e dalla cartella tirò fuori *Siku*.

«Clauss – mi disse – tu sei sempre buono con me. Per questo vorrei ringraziarti donandoti ciò che di più caro ho. Io credo che questo pupazzo sia stato creato dalle fate, e deve essere magico senz'altro, visto che ogni volta che ci gioco mi torna l'allegria. È così perfetto nelle sue sembianze umane che suppongo sia stato messo insieme dalle forze della natura.

L'ho trovato sotto una montagna di neve. Ho visto la sua testa che sbucava speranzosa da un mucchietto gelido. L'ho salvato e lui ha salvato me. Perché, purtroppo devi sapere Clauss – mi confidò - siamo così in miseria che nonostante i miei parenti mi vogliano tanto bene, sono anche costantemente affranti dal non potermi donare un po' di superfluo che possa rendermi un bambino meno adulto di quanto sono. Che mi offra la possibilità di dedicarmi al gioco, piuttosto che a un lavoro da svolgere per portare qualche moneta a casa.»

«Però Clauss ora non sono più così affranto – mi confidò Alfur – perché il destino mi ha riservato te, un amico prezioso e sincero.

Cosa c'è di più caro al mondo?

Ti preoccupi per me; dividi la tua merenda con il sottoscritto; giochi, ridi e m'invogli ad usare la fantasia.

Per questo desidero donare a te l'unico oggetto che è mio, *Siku*.

Lo faccio perché il mio tesoro più prezioso è diventato la nostra amicizia.

Mi hai insegnato due cose, caro Clauss: quanto è bello ricevere accortezze sincere e che il dare infonde una gioia ancora maggiore del ricevere.»

4

Il dente del Krampus

Amelia è abituata ai miei attacchi di malinconia, e spesso si siede al mio fianco mentre apro il mio Scrigno dei ricordi.

Adora ascoltare le mie storie e sbirciare fingendosi sorniona.

Tra i suoi ricordi prediletti c'è il dente del *Krampus*, perché dice ammirata, che gli sono sembrato un supereroe in quell'occasione.

Ricordo ancora cosa scriveva Adelaide nella sua letterina.

«Caro Babbo Natale, senza volere ho rotto la bellissima teiera di porcellana di nonna Dora. Ha creduto che la colpa fosse del suo gatto Geremia. Lui è stato messo in punizione con un rancio misero

di pane e latte per una settimana e io, che l'ho fatta franca, penso di essere finita nella lista dei cattivi e che il Krampus verrà da me. Ti prego Santa Clauss, non voglio nessun gioco quest'anno, ti chiedo però di proteggermi. Ho tanta paura della punizione di quel diavolaccio cornuto.

Ti aspetto, Adelaide»

Il *Krampus*? Chi era costui? Non ne avevo mai sentito parlare.

Non riuscivo a capacitarmi dell'esistenza di un essere così cattivo, libero di girare indisturbato nel periodo natalizio per spaventare i bambini.

Fu Amelia, ignara quanto me dell'identità del diavolaccio, come lo chiamava Adelaide, che mi suggerì di recarmi nel bosco, presso il fiume delle *Acquevive*, per chiedere un consulto a Diletta, la perfetta, regina delle ninfe d'Inverno.

Per chiamarla bastava far galleggiare nell'acqua un fiore di bucaneve.

Me lo aveva svelato la mia futura moglie, quando eravamo solo buoni amici, e lei era una creatura fatata.

Come al solito anticipo un po' troppo e quella di

come ho incontrato l'amore della mia vita, è un'altra storia che vi racconterò presto.

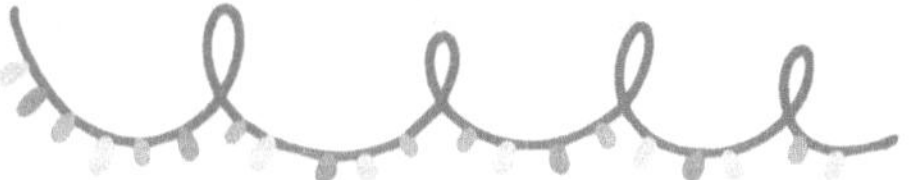

Avevo dialogato altre volte con Diletta, e nel corso degli anni avevo imparato a non averne più soggezione. È stata anche la madrina di Sibilia, la nostra prima figlia.

«Mi rivolgo a te cara regina, perché solo la grande conoscenza che tu hai degli esseri più bizzarri, mi può aiutare a svelare un mistero.

Tu sai che sono il protettore del Natale e il custode delle speranze di tutti i bambini. Una di loro, che vive in un paesino all'ombra delle Alpi, mi ha scritto nella sua letterina di essere terrorizzata da un omaccione che nel periodo natalizio punisce i bambini che sono stati cattivi. Tu sai dirmi qualcosa in più sulla sua identità? Lo chiamano *Krampus*»

«Hai fatto bene Clauss a venire da me. Anzi penso che questa sia l'occasione per mettere, una volta per tutte, quei caproni al loro posto, poiché negli ultimi anni sono diventati troppo invadenti.

Hai capito bene, se te lo stai chiedendo – era vero - voglio svelarti che non c'è un solo *Krampus*, come erroneamente pensi, ma tanti. I fanciulli ne hanno terrore perché sanno, dai racconti dei loro nonni, che possiedono un aspetto repellente. Il loro nome deriva dagli artigli gialli e lunghi che spuntano come spine dalle loro dita. Gialli come la tonalità delle grosse corna che hanno in testa, ornamento di un ghigno spaventoso, che sempre troneggia sulla loro faccia.»

«Come posso non aver saputo – incalzai stupito - dell'esistenza di esseri tanto pericolosi?»

«Semplice Clauss, perché tu osservi il mondo con gli occhi innocenti di chi cerca cose belle. E i *Krampus* sono orrendi e fastidiosi. Si vestono con pelli puzzolenti di animali, indossano grosse catene al collo e suonano dei seccanti campanacci per annunciare il loro arrivo. Portano inoltre dei grossi sacchi di patate, vuoti sulle spalle, per mettere paura ai bambini. Sai come? Minacciandoli che vi rinchiuderanno quelli tra loro che si comportano male!»

Sgranai gli occhi. Non era possibile spaventare così i piccoli. Io che da sempre volevo proteggerli e donar loro dei sorrisi, ora che sapevo dell'esistenza di questi mostri, dovevo sconfiggerli, o costringerli a diventare buoni. Ma come fare? Lo chiesi alla regina Diletta.

«Dovrai incontrali e scovare chi tra loro è il capo, per sfidarlo e cambiarlo in qualcosa nell'aspetto e in qualcosa nello spirito.»

Tornai a casa, raccontai tutto ad Amelia che mi suggerì di cercare l'indirizzo di Adelaide, la bambina che mi aveva svelato la loro esistenza.

Abitava in Italia, in Alto Adige, e a casa sua c'era l'elfo detective Girolamo, che fu molto stupito di vedermi arrivare, la notte del 5 dicembre, in quella casa.

Scrissi un biglietto e lo nascosi sotto il guanciale della bambina, in modo che si potesse tranquillizzare: «Cara Adelaide, sii serena, ti proteggerò io dai *Krampus*.»

Stetti lì, ben nascosto con Girolamo, per tre giorni, e cominciai a credere che non sarebbe più venuto nessuno, quando sentii dei rumori. Feci comparire dei tappi per le orecchie della bambina, in modo che non si svegliasse. Uscii in giardino e mi posi davanti all'orda animalesca, accompagnato dal mio fidato e tremante elfo.

«Ah ah ah compagni, guardate che ridicolo questo vecchio – mi derise quello con le corna più grandi - Nonnino chi sei? Sicuramente devi essere molto pazzo per decidere di presentarti davanti a noi. Non ti facciamo paura?» – mi si avvicinò e sentii una puzza caprina che mi fece girare la testa. Notai che tra i lunghi capelli oleosi giravano delle mosche verdi e mentre mi parlava scorsi dei denti appuntiti gialli e sporchi. Preferisco evitarvi il paragone che ben descriverebbe l'olezzo della sua fiatella stomachevole.

Ad ogni modo cercai di farmi coraggio e risposi: «Dovrei avere paura di buzzurri come voi? No di certo. Vi rendete conto delle vostre azioni spregevoli? Spaventare dei bambini innocenti. Vergogna!»

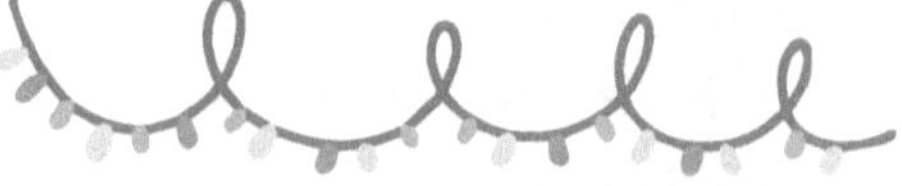

Mi ricordai quello che mi aveva svelato la regina Diletta: «Scopri chi è il capo, cambia qualcosa nel suo aspetto e nel suo spirito, e lo avrai in pugno. Dovrà esaudire un tuo desiderio, e i sottoposti eseguire i suoi ordini.

Non sarà facile compiere quest'impresa, giacché dovrai individuare chi comanda. E loro stanno bene attenti a non farsi scoprire. Userai prima tutta la tua intelligenza e poi la tua furbizia.»

Li osservai attentamente e riconobbi i dettagli che mi aveva anticipato la ninfa. Sacchi vecchi in spalla per minacciare i bambini di rapimento, catene e campanacci per far rumore, capelli simili a lana di svariati colori, rughe profonde che solcavano il viso. Avevano anche più o meno la stessa altezza.

Sentii una vocina chiamarmi ripetutamente: «Clauss, Clauss guarda giù.»

Mi accorsi così di un topolino di campagna. Ve lo ricordate no, che so parlare con gli animali.

«Clauss, Clauss, perché sei qui con questi bestioni?»

Risposi velocemente in squittese, cercando di fare un riassunto.

Il topino Lino volle aiutarmi e senza farsi notare corse intorno ai *Kramus*, e tornò da me.

«Clauss, Clauss, hai fatto caso che hanno tutti i piedi umani e solo uno ha le zampe da caprone con zoccoli annessi?»

Guardai meglio.

Era vero. Il *Krampus* cui appartenevano quelle zampe era il più silenzioso di tutti, per questo non lo avevo notato. Magari era una tattica.

Ma io elaborai in un battibaleno la mia strategia.

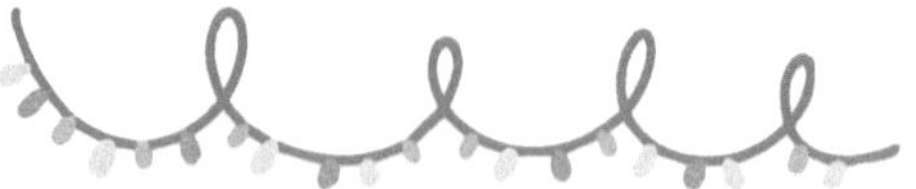

«Credete di essere molto coraggiosi vero? E come dimostrate chi è il più forte tra di voi? È forse quello che urla di più?»

«Perché no» - rispose uno gonfiando inorgoglito il petto.

«Allora, certamente, il più vigoroso non sarà quello così taciturno dietro a tutti.»

I *Krampus* si guardarono interdetti e imbarazzati. Così colui che sospettavo essere il capo, iniziò a battersi i pugni sul petto, come fanno i gorilla per rivendicare supremazia.

Girolamo ne fu spaventatissimo e si nascose dietro la mia schiena.

Uno di loro, probabilmente tra i più sciocchi, esclamò: «Ti sbagli vecchio, lui possiede un urlo fortissimo, ma sono molti giorni che ha mal di denti.»

Cari lettori, vi chiedo un attimo di attenzione.

Chi ha avuto anche solo una volta mal di denti, sa che è uno dei dolori più terribili. A me una volta m'ha fatto addirittura piangere, ed ero già adulto. Meno male che al Villaggio abbiamo un elfo dentista.

Torniamo al ragionamento che mi frullava nella testa.

Di solito chi ha male a un dente, preferirebbe che gli fosse estratto, anziché continuare a soffrire.

Diletta mi aveva detto: "bisogna cambiare qualcosa nel suo aspetto…"

Senza un dente il suo ringhio non sarebbe stato più come prima. Dunque mi feci coraggio.

«Senti un po' tu, sai chi sono io vero? Mi chiamano Babbo Natale e per natura tendo a fare sempre del bene. Il mio cuore è tenero e non voglio vedere nessun essere, anche i più meschini come voi, soffrire. Per questo intendo aiutarti. Ho un martello magico che con un colpetto potrà farti cadere quella zanna che ti duole.

Scegli tu, vuoi che ti aiuti o preferisci che me ne vada?»

«Tu cosa ci guadagni vecchio?» - m'incalzò.

«Solo compiere una buona azione» - mentii consapevole che quell'anno Amelia avrebbe fatto trovare anche a me cenere e carbone.

Mi fece cenno di avvicinarmi e mentre m'incamminavo vidi Girolamo e Lino abbracciarsi in ansia per me.

Detto fatto. Il *Krampus* aprì la bocca, sferrai una martellata, e la zanna mi restò in mano. Lo vidi sorridere, tra gli sguardi esterrefatti degli altri bestioni.

Così ebbi un altro lampo di genio.

«Sei felice?» - gli chiesi.

«Oh sì!» - mi rispose.

«E lo eri mai stato prima d'oggi?»

Con la testa fece cenno di no.

Era fatta. Stavolta fui io a gonfiare il petto mentre annunciavo: «*Krampus* io conosco la leggenda. Tu sei il loro capo, perché sei l'unico ad avere le zampe al posto dei piedi. Stasera hai cambiato qualcosa nel tuo aspetto, perché non hai più un dente, e hai mutato qualcosa nei tuoi sentimenti, perché sei stato per la prima volta felice. Dunque reclamo il desiderio che mi spetta per aver compiuto queste imprese.»

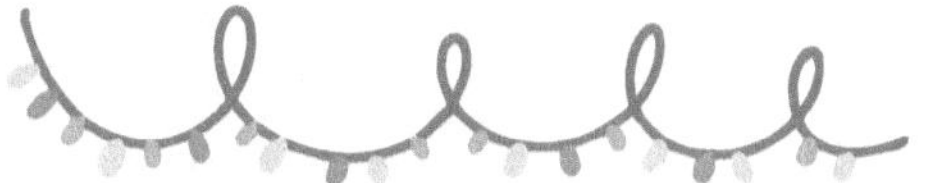

I suoi compagni agitati, persero il senno. Chi iniziò a camminare su quattro zampe, chi ululava, chi si batteva il petto, fino a quando lui non riportò ordine con un grido.

Digrignando le fauci ammise: «Questo vecchiaccio ha ragione – e m'intimò -Parla, qual è il tuo desiderio?»

«D'ora in poi tu e i tuoi compagni diventerete buoni e sarete miei aiutanti. Farete capire con garbo, ai bambini dispettosi, quanto è invece più bello scegliere il bene.»

«Forza su – li spronai mentre erano a bocca aperta - salite sulla mia slitta, si va al Polo Nord! È ora di darvi una ripulita e farvi diventare personcine per bene. Frequenterete la scuola di Amelia e sarete educati.»

Appena tornai a casa e raccontai a mia moglie e ai miei figli quello che era successo, decidemmo che il dente del Krampus s'era guadagnato un posto nello Scrigno di Natale.

5

Storie Bizzarre del Natale nel mondo

Tutti gli ospiti che abitualmente frequentano la nostra casa sanno dell'esistenza del mio Scrigno di Natale, e ognuno di loro ha un oggetto preferito.

Quello dei bambini elfi è il Kit di foto, vecchie e nuove, che continuamente s'arricchisce delle usanze più bizzarre che nel Mondo si organizzano a Natale.

A spedirmele è Aristotele, l'elfo viaggiatore. Da quando era un ragazzo ha richiesto una dispensa straordinaria vacanziera.

Ogni anno, quando manca un mese alla Vigilia, parte con una meta diversa, per raccogliere tutte le tradizioni più particolari.

È un permesso che gli accordo volentieri, sollevandolo dal suo impiego nella fabbrica dei giocattoli, perché mi sganascio dalle risate per le stranezze che ci svela al ritorno e che palesano quanto siano eccentrici alcuni uomini.

Pensate che in Germania nascondono un cetriolo tra i rami dell'abete di Natale!

Ieri la mia signora ha sentito bussare piano piano al nostro portone. Un suono che ricordava il ticchettio del picchio quando costruisce il suo nido.

Io le ho detto che si sbagliava, lei è andata alla porta. E aveva ragione.

Ha trovato una decina di bambini elfici che in coro hanno chiesto: «C'è Babbo Natale?»

«Oh Oh Oh – ho canticchiato io dal salone – Amelia forse abbiamo visite? Prendi i cioccolatini e i *marshmallow*. Intuisco che questo pomeriggio io debba tirar fuori lo Scrigno di Natale.»

Così, come cuccioli festanti, i bambini mi sono corsi incontro, si sono seduti intorno alla mia poltrona e con i nasini all'insù hanno iniziato ad aspettare che Neve, il mio cucciolo, trascinasse il baule da noi.

Un biscottino per lui come premio.

«Sentiamo, cosa devo estrarre dal mio forziere?»

«Le cartoline di Aristotele» - ridacchiarono in coro.

Decisi allora di partire dall'immagine che più m'intenerisce, quella delle "Ragnatele di Natale", un decoro che viene usato per addobbare gli alberi della festa in Ucraina.

«Conoscete la leggenda legata a questa tradizione? – domandai loro - No? Ve la faccio raccontare da Riccardino che l'ha ascoltata l'anno scorso.»

«Babbo Natale ma io non sono capace!» - protestò imbarazzato.

«Certo che lo sei bambino mio. Sai, mi piace ascoltare dalle vostre vocine le vicende che vi ho riferito io stesso. Così quando sarete genitori o nonni, potrete narrarle ai futuri bambini di casa, anche se in quel momento io non ci sono!»

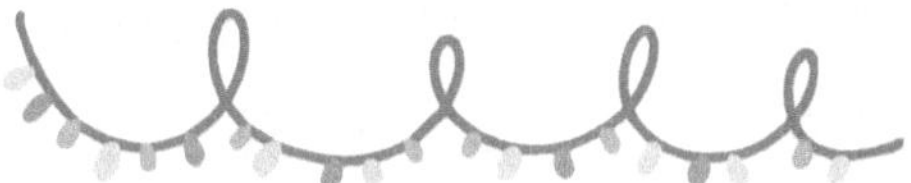

«Va bene, se ci tieni tanto lo farò – si convinse Riccardino - Vediamo… tanti tanti anni fa in una casa povera in Ucraina c'era una mamma molto triste, perché per la Vigilia di Natale era sì riuscita a procurare un abate scovato nei boschi, ma non aveva nulla, proprio nulla per decorarlo. Neppure una noce o un mandarino.

Era affranta, ma i suoi bambini che le volevano bene, cercarono d'infonderle coraggio, sostenendo che non tenevano a questa tradizione.

In realtà andarono a nanna con il cuore colmo di tristezza, e quando furono nel lettone, stretti tra loro per non avvertire il gelo, iniziarono a piangere copiose lacrime, addormentandosi con gli occhi e le guance umide.

«Dei ragnetti che vivevano negli angoli del soffitto di quella povera dimora – continuò a svelare Riccardino - avevano assistito a tutta la scena, e inteneriti, decisero di preparare un dono per quei bambini. Intinsero le zampine nelle loro lacrime e cominciarono a tessere tante ragnatele tra gli aghi dell'abete. I fili uscirono così brillanti che sembravano imbastiti coi diamanti. Quel miracolo era così ben riuscito perché nel pianto dei fanciulli di casa, c'era la speranza che i loro sogni si potessero avverare.»

«Riccardino ma tu sei un poeta! Bravo l'hai raccontata meglio di me!» - mi complimentai compiaciuto.

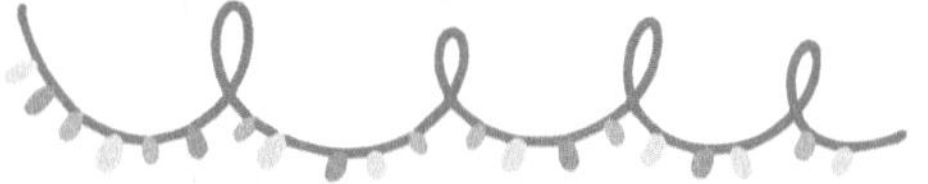

«Ora sentiamo un'elfetta. Dimmi un po' Nunziabella – capelli rossi e un adorabile visino fiorito di lentiggini – tu quale cartolina vorresti vedere?»

«Babbo Natale – rispose timida la bambina - la mia mamma mi ha raccontato che la cartolina di Aristotele che più le piaceva da piccina era quella della Repubblica Ceca. Sai io sono una romantica come lei.»

«Nunziabella – dissi ridendo – poi devi farmi un favore. Quando torni a casa chiedi alla mia amica Annabella se prima d'incontrare il tuo papà ha fatto come si usa in questo paese. Sapete, i giovani cechi giunti in età da marito o da moglie, la mattina di Natale, prendono una loro scarpa, vanno all'uscio di casa e di spalle lanciano all'indietro, senza guardare, la calzatura. Se girandosi vedono che la scarpa è ricaduta con la punta rivolta verso la porta, significa che si sposeranno entro l'anno. Se ciò non si verifica, dovranno riprovarci al Natale seguente.»

Vidi Gastone che sbuffava. «Che hai giovanotto?» – gli chiesi.

«Babbo Natale, basta con queste storie per femminucce. Io e Gioacchino vogliamo vedere le cartoline coi cetrioli dalla Germania o quelle con le scope della Norvegia o alcune della visita al cimitero in Finlandia.»

«Gastoncino, per farmi questa richiesta così specifica significa che tu conosci queste leggende. Non temi che narrandole, i tuoi compagni possano fare brutti sogni?»

«Ma no Clauss. Prima di tutto noi giovani elfi siamo coraggiosi, e poi lo hai detto tu, sono leggende. Lo sanno tutti, quelle belle sono sicuramente vere, ma quelle brutte possono essere state inventate.

Va bè ad ogni modo se mi concedi quest'onore racconterò io la storia delle tre cartoline.»

Dopo il mio consenso si schiarì la voce e iniziò solenne: «La viglia di Natale in Norvegia, le mamme nascondono accuratamente le scope perché il 24 dicembre le streghe che hanno difficoltà a volare con le loro vecchie ramazze, s'intrufolano nelle case per rubare le granate più belle. Poi, con una magia, le trasformano nei loro nuovi mezzi di trasporto. V'immaginate se per la festa dovessero arrivare molti ospiti in quella casa, come sarebbe dura tenerla pulita senza neppure una scopa? Che brutta figura con gli invitati. Invece amici, in Finlandia – continuò - la Vigilia assomiglia più ad *Halloween*. Infatti è tradizione recarsi nei cimiteri per deporre fiori sulle tombe dei propri cari.

Ma ho lasciato la spiegazione dell'usanza più terribile alla fine – andò a concludere il ragazzo - perché volevo che c'arrivaste per gradi, per evitare che vi impressioniate troppo. Siete pronti? – chiese Gastone con aria furbetta – Vedete la cartolina che Aristotele ha spedito dalla Germania? Come potrete notare tra gli aghi dell'abete si nasconde un cetriolo. Come mai? Vi starete chiedendo.

Ebbene dice la leggenda che due amici che frequentavano la stessa università, stessero tornando a casa per trascorrere le vacanze di Natale con le rispettive famiglie, quando sopraggiunse la notte.

Per evitare d'incontrare briganti che li potessero rapinare, decisero di affittare una camera da un oste, che in realtà era un uomo malvagio. Difatti li rapì imprigionandoli in un ripostiglio dove teneva tanti barattoli di cetriolini in salamoia. I due non si scoraggiarono e seppure quella casa era isolata, urlarono "aiuto" con tutta la potenza che avevano nella voce. E indovinate chi stava passando di lì proprio in quel momento con la sua slitta?»

Tutti si girarono verso di me mentre Gastone indirizzava il suo piccolo dito nella mia direzione.

«Li hai sentiti i loro urli Clauss? Cosa hai fatto?» - proruppero in coro.

«Ma li ha liberti no? Ha affrontato quell'orco e tirandogli in testa uno dei suoi pesantissimi sacchi dei regali, come se fosse una padella, lo ha stordito. Così sono fuggiti tutti e tre, mentre l'aguzzino era svenuto. Babbo Natale è coraggiosissimo, anche se non sembra con quel pancione, e una volta rientrato al Villaggio, ha denunciato l'uomo alle autorità della foresta magica e le guardie lo hanno arrestato.

I cetrioli sono per ricordare questa avventura e come avrete ben capito derivano dal fatto che i due ragazzi erano nascosti tra i vasetti di cetriolini.»

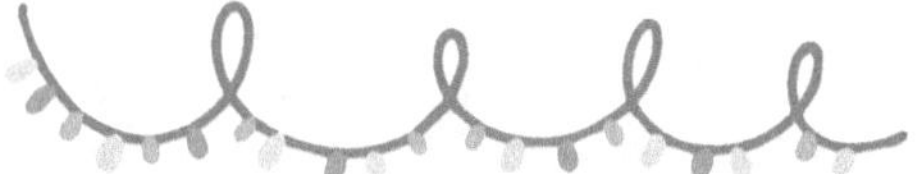

Era quasi ora di cena ed Amelia sottolineò come fosse il caso di rimandare i piccoli elfi nelle loro case per non far preoccupare le loro mamme.

Ma io non potevo lasciarli andare se prima non chiedevo all'elfetta più piccola di tutti, così graziosa con le sue guanciotte rosse, quale fosse la sua cartolina preferita.

Lei che ancora non parla bene è scattata sull'attenti e ha cominciato a ripetere «*Cagatio, Cagatio*» e la cosa non mi stupì affatto. Si sa della soddisfazione dei bambini piccoli nel parlare di cacca.

Quando ho tirato fuori questa cartolina di Aristotele spedita dalla Spagna, tutti gli elfi hanno riso e pure Amelia.

«Gli spagnoli, alla Vigilia di Natale, hanno una consuetudine stramba e simpatica. Mettono in mostra nei presepi delle loro case, statuette di personaggi famosi, come attori del cinema o cantanti, intenti a fare la popò, perché dicono che porti fortuna. Quest'usanza è molto antica. La iniziarono i contadini che sostenevano che esporre un *Cagatio* avrebbe portato prosperità al raccolto.»

A quel punto si era fatto davvero tardi.

Li accompagnai alla porta e Riccardino si voltò chiedendomi: «Clauss chissà se a questo Natale inserirai qualche oggetto nuovo nello scrigno?!»

Me lo sto chiedendo anche io.

6

Come conobbi Amelia Bucaneve

M'affacciavo all'adolescenza quando vidi per la prima volta Amelia Bucaneve.

Ero nell'età della vita in cui l'avventura e il desiderio di scoperta s'accompagnano alla curiosità del diverso e alla voglia di non essere soli.

Quasi stento a credere che una volta anche io sia stato così.

Come ogni inverno attendevo il primo fiocco di neve.

Qui al Polo c'è una credenza. Se riesci a raccogliere con il palmo della mano proprio quel granello che scorgi cadere avanti agli altri e pazientemente lo osservi sciogliersi, puoi esprimere un desiderio.

Vi stupirà credere che il mio s'avverò in un battito di ciglia.

«Vorrei incontrare chi mi capisce davvero» - sussurrai con un fil di voce al mio cuore.

Ero un tipo bizzarro. Eh, in fondo lo sono ancora, quindi la cosa non dovrebbe stupirvi.

Amavo gli animali, ma non quelli dal ringhio facile, che solitamente divertono i ragazzi, ma i cuccioli dolci e coccolosi, che tanto piacevano alle mie compagne di classe.

M'intenerivo quando vedevo un leprotto nella boscaglia, un ranocchio nello stagno, un fringuellino tra le foglie, un cerbiatto dietro un cespuglio di rovi.

I coetanei ridevano di me, ma non m'importava. A volte la compagnia degli animali è da preferire a quella degli umani, specialmente se sono sciocchi e attaccabrighe.

D'altronde da quando sono diventato Babbo Natale, il carbone l'ho scelto per loro poiché il suo colore nero ben s'abbina ai brutti caratteri.

Amavo leggere storie ai bambini più piccoli e a volte, per diletto, costruivo marionette per trasporre i racconti in teatrini improvvisati.

Più che giocare a *cowboy* ed indiani, amavo intagliare il legno.

Al posto di scorrazzare in bicicletta, preferivo restarmene vicino al camino a cucinare con la mia nonna, dolcetti o pane.

Avevamo una capra, Gelsomina, che ci donava sempre tanto latte. Com'era gustoso intingere quei biscotti nelle tazze ricolme.

Oppure mangiare una fetta calda di pagnotta appena sfornata con su un velo di burro e della marmellata fatta in casa, con la frutta raccolta in estate.

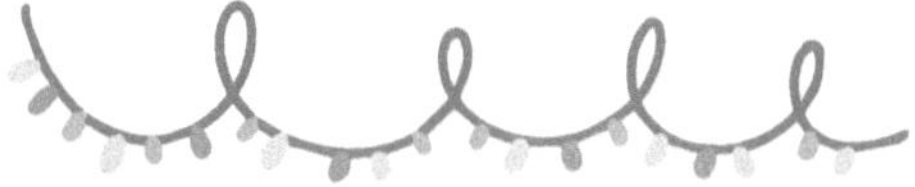

Torniamo al mio desiderio.

Volevo con forza conoscere qualcuno che non mi considerasse bizzarro, ma semplicemente Clauss. Senza giudicarmi, ma accettandomi per quello che ero: un apprendista cuoco, un intagliatore di legno, un cantastorie.

Senza pretendere che cambiassi.

Perché poi, uno dovrebbe cambiare, se si piace così com'è, con vizi e virtù?

Il mio vizio era la cioccolata. L'adoravo. La conseguenza è che ero cicciottello e brufolosetto, fin da ragazzino.

Sbattendo le palpebre m'accorsi d'una fanciulla, che sul limitar del bosco danzava. Indossava un mantello celeste con un cappuccio impreziosito da una bianca pelliccia.

Anche se non c'era musica, mi sembrava d'udirne una, melodiosa.

Proveniva dal mio cuore, che a prima vista s'era innamorato di quella ragazza che soave volteggiava con i fiocchi di neve.

Quando il nevischio si fece più intenso, lei si tolse il cappuccio e finalmente potei contemplare il suo volto, bianco di porcellana e ornato di capelli neri come l'ebano.

Non mi mossi, per paura che lei s'accorgesse di me e smettesse di danzare.

Poi, mentre raccoglieva con il palmo un fiocco di neve e l'osservava sciogliersi, come avevo fatto io pocanzi, alzò gli occhi e i nostri sguardi s'abbracciarono per la prima volta.

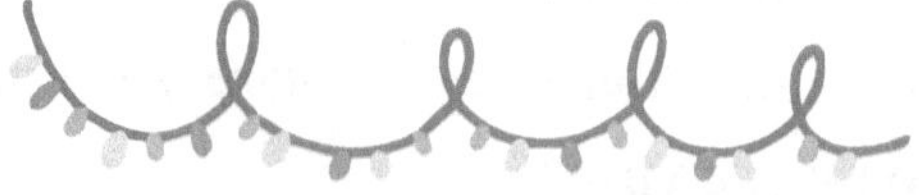

Mai avevo visto una creatura così deliziosa. Anche

più di un leprotto appena nato.

Quando lei fuggì nel fitto del bosco, le corsi dietro, ma non riuscii a raggiungerla.

Tornai in quel luogo ogni giorno per un anno, all'ora esatta in cui l'avevo scorta la prima volta. Non la rincontrai e comincia a credere che l'avessi sognata e che non fosse reale.

Scoprii in seguito che era fatata e poteva rendersi invisibile.

L'inverno seguente cercai nel cielo il primo batuffolo di neve, per ripetere il mio rito. Quando lo scorsi e porsi il palmo della mano per accoglierlo, una folata di vento mi fece chiudere gli occhi. Per la prima volta mancai la presa.

Osservai il fiocco che si posava a terra. Fu allora che notai, sulla fanghiglia di una pozzanghera vicina, l'orma di un piccolo piede e magicamente ne apparve un'altra.

Cos'era quel prodigio? Mia nonna mi aveva detto di stare attento quando mi avvicinavo alla foresta poiché era popolata da creature misteriose. Alcune simpatiche e altre pericolose.

Pensai che delle impronte così graziose non potevano appartenere a nessuno di cattivo.

«E se fossero sue?» - pensai.

Non feci nulla e attesi che una soffice coltre bianca rivestisse il prato dove attendevo.

Così su quella tela si compose un disegno, e io capii che c'era qualcuno che danzava, ancora una volta coi fiocchi di neve.

«Ti ho cercata tanto, lo sai bella sconosciuta?» - trovai il coraggio di dirle.

Attesi. Un sussurro giunse al mio orecchio: «Lo so. Ogni giorno ti ho visto. Cosa vuoi da me?»

«Voglio conoscerti» - le risposi.

«Perché?» - mi chiese.

«Perché ti amo» - e morii di vergogna.

7

Il ricordo preferito di Rudolf

Poco prima che arrivi la Vigilia di Natale anche i miei amici animali vengono a trovarmi perché i loro cuccioli sono curiosi di sbirciare nel mio baule.

In particolar modo le mie renne.

Amelia non manca mai di fargli trovare licheni e muschi, il loro cibo invernale preferito.

Dascher, Dancer, Prencer, Vixen, Comet, Cupid, Dunder e Blitzen, si divertono a chiedermi di tirar fuori dallo Scrigno molti oggetti, tanto per rimpolpare l'attesa di Rudolf, trepidante di far scoprire la storia di come è diventata parte del team della slitta di Santa Clauss. È un po' vanitosetta, sapete?

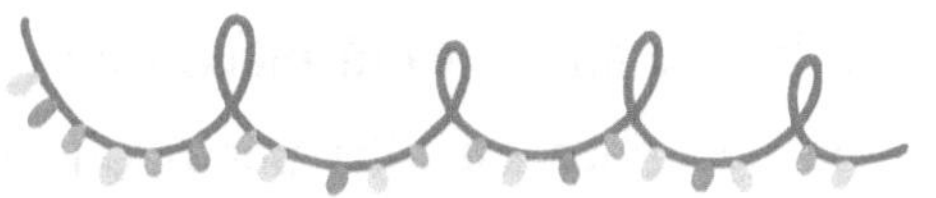

Anche io sto al gioco.

Quando Rudolf si agita, il suo naso brilla ancor di più ed è uno spettacolo stupendo.

«Dai su Clauss – m'incalza sempre ad un certo punto – mostra ai cuccioli il ricordo di quando ci siamo conosciuti.»

Così un guizzo di curiosità anima i loro occhietti vispi e mentre il loro mento s'atteggia ad un "ohhhhh" d'attesa, io tiro fuori dal baule un velo da odalisca, di quelli che indossano le danzatrici orientali, a coprire, sotto gli occhi, la parte inferiore del viso.

«La sera in cui c'è stato il nostro incontro - inizio a raccontare - Rudolf aveva ancora vergogna del suo naso e lo nascondeva dietro la veletta.»

«Ma Babbo Natale – costantemente protesta - ogni anno ti devo ricordare perché lo facevo? Le altre renne, quando m'incontravano, mi prendevano in giro perché non avevo il naso del loro stesso colore. Io non volevo essere diverso dal gruppo.»

«Sì Rudolf – rispondo sorridendo – ma io tutte le volte ti spiego, affinché anche i più piccoli comprendano, che bisogna accettare gli altri per quello che sono.

E anche noi non dobbiamo imbarazzarci se amiamo fare qualcosa di inusuale o se fisicamente non siamo uguali ai compagni.

Se tu non avessi quel naso rosso e luccicante che rischiara il nostro cammino, alcuni bimbi potrebbero rischiare di rimanere senza regali.»

«Sapete cuccioli che con i vostri genitori, la notte in cui l'abbiamo incontrato, eravamo stati costretti ad atterrare perché c'era una nebbia fittissima? Non riuscivamo né a capire dove fossimo, né ad individuare le case dei ragazzini buoni.

Mentre eravamo disperati perché le ore passavano e noi stavamo ancora in Lapponia, senza aver consegnato nulla, eravamo convinti che non ce l'avremmo mai fatta.»

«Poi è arrivato il super eroe, cioè io!» - per dare enfasi al suo intervento Rudolf, si mette sempre a svolazzare nel nostro soggiorno.

«Se vogliamo porla così… dunque, riprendiamo. Sentimmo una voce provenire da dietro un cespuglio che ci chiedeva se servisse aiuto. Ed eccola l'odalisca col suo velo. Non facemmo in tempo a ridacchiare che Rudolf inciampò su un sasso e perse il tulle dalla faccia. Fu così che tutto s'illuminò e Comet ebbe l'idea: "Babbo Natale e se questa strana renna guidasse la nostra carovana?"»

«Quando scoprimmo che il suo naso restava sempre accesso, entrò nella nostra squadra. Vedete cuccioli – faccio sempre loro la morale - quella che per Rudolf sembrava un'imperfezione per noi era una virtù.

Nella vita, bisogna sempre valutare le cose e gli eventi da più punti di vista.»

8

La storia di Bucaneve che mi raccontò Amelia

Stavamo seduti in riva al fiume, io e Amelia. Ci conoscevamo da più di tre anni ed eravamo diventati migliori amici. Il mio animo si confidava spesso col suo e viceversa.

Avevo iniziato a donare, come mi aveva consigliato, le figure che intagliavo nel legno ai bambini più poveri.

Quando c'incontravamo ai confini tra il mio e il suo mondo, le raccontavo sempre qualche storia sui nostri fanciulli. Come quella di occhi di riso che tanto l'aveva commossa. Lei mi narrava le fiabe più belle che le ninfe erano solite sussurrare al chiaro di luna.

«Conosci Clauss, la leggenda del nome della mia stirpe? Bucaneve?»

«No» - le risposi speranzoso che me la svelasse.

«C'è la più bella storia d'amore alla sua origine. »

Mentre pronunciava tali parole, sognavo di essere io a farle vivere l'amore più straordinario di sempre.

«Il principe Bucaneve, figlio di Gelo, il re del Paese dell'Inverno, di ritorno da uno dei suoi splendidi viaggi, udì il canto soave e melodioso di una fanciulla. Bastò quel timbro per farlo innamorare perdutamente. Il suo cuore aveva deciso che quella sarebbe stata sua moglie. Chiese a un pettirosso se conoscesse il suo nome per poterla trovare… "È la principessa Primavera, che abita nella regione dei venti e dei fiori", rispose.

Il bellissimo giovane dagli occhi cerulei – continuò Amelia - con la corona di cristalli di neve e la spada di ghiaccio, andò subito dal padre per chiedergli il permesso di sposarla. Ma Egli rispose: "Figlio mio, ti rendi conto che per voi non c'è futuro? Tu sei il principe delle nebbie e del freddo.»

A questo punto del racconto mi rattristai, immaginando il peggio, ma negli occhi della mia Amelia non intravidi pena.

«Trascorse un lungo inverno – riprese - ma Bucaneve, nel rumore del suo silenzio, non la dimenticò. Attese il suo ritorno e un giorno, incamminandosi lungo il sentiero di cristalli di ghiaccio, la scorse mentre cantava gioiosa.

Bucaneve, si nascose tra i cespugli, ammirandola. Lei passandogli accanto sentì un brivido e lo scorse tra il fogliame. E anche lei s'innamorò.

La natura celebrò il loro legame.

Per non far male al signore dell'Inverno, il sole si ritirò dietro le nuvole e il gelido vento, per non intirizzire Primavera, andò ad imbastire mulinelli altrove.

Bucaneve strinse Primavera in un tenero abbraccio e la rassicurò: "Non temere, perché alla fine di ogni inverno tarderò di un giorno il mio ritorno nel Paese del Gelo e quando arriverai, io sarò qui ad aspettarti". Così scomparve e lei rimase in compagnia della malinconia che le attanagliava la gola. Una lacrima le scivolò sulla guancia a terra, accolta dall'impronta lasciata da Bucaneve.

Proprio in quel punto- mi spiegò Amelia - nacque il primo fiore, piccolo e bianco, che la principessa volle chiamare col nome del suo principe.

Da allora, ogni fine inverno, nei campi scintillanti di brina sbocciano i bucaneve.»

Che storia meravigliosa la mia amica aveva voluto condividere con me…

Ai miei pensieri compiaciuti, Lei pose una questione.

«Clauss sai perché i miei genitori mi hanno chiamata Amelia Bucaneve? Suppongo di no, quindi sarò io stessa a rivelartelo…

Perché desiderano che tenga sempre a mente il grande insegnamento dei miei antenati: "Anche quando la situazione sembra irrisolvibile, i sogni si possono coltivare e un fiore può nascere fuori stagione."»

Era ancora più bella del solito la mia dolce e forte Amelia.

Mi guardò dolcemente e mi disse: «Clauss perché se mi ami, come mi hai confidato dal primo giorno, ancora non mi dai un bacio?»

Mi si avvicinò e lo fece lei.

Una volta rinvenuto - già ragazzi, che figura barbina, ero svenuto - ho trovato il suo bel viso preoccupato, che mi guardava titubante.

«A-A-Amelia vuoi sposarmi?»

Non ho mai avuto mezze misure! Dall'essere amici sono direttamente passato a propormi come futuro marito. E sapete una cosa? Mi ha risposto di sì.

Così ho raccolto un pugnetto di neve gelata e l'ho modellato ad anello, per poi infilarglielo al dito e sugellare la nostra promessa.

9

Come è accaduto che la regina delle ninfe d'inverno ha acconsentito al matrimonio tra un essere umano e uno fatato

«Portami una sua lacrima. Interrogheremo l'oracolo del bosco e se il suo cuore risulterà puro come quello di un bambino, potrai sposarlo. Bada bene Amelia, con Clauss non ti dovrai far sfuggire una parola sui nostri propositi. Se lo farai non solo non potrai diventare la sua compagna di vita, ma dovrai dirgli addio per sempre. Ti sarà vietato incontrarlo ancora.»

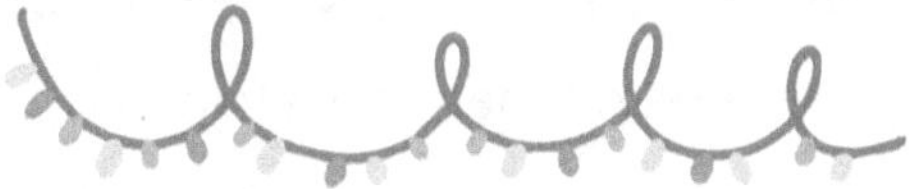

Avrete percepito che questa storia non ve la racconterà Babbo Natale, ma io, Amelia.

Sono passati tanti anni da quel giorno, ma quando ripenso alla prova che ho dovuto portare avanti, e a ciò che avrei perso se non ci fossi riuscita, mi tremano ancora le gambe.

Ad ogni modo mi feci forza. Ero certa del cuore puro di Clauss. Ormai lo conoscevo bene.

Il problema era procurarmi quella lacrima…

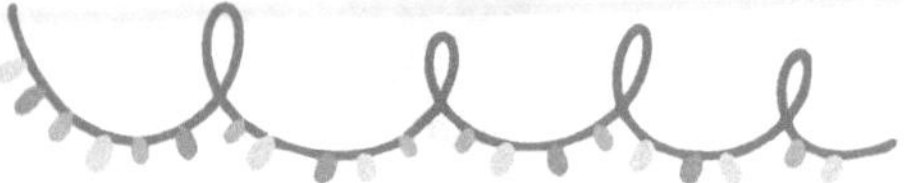

I suoi occhi erano in grado di comunicare tutte le sue emozioni.

Ero capace di comprendere quando era stupito dalla bellezza della natura, quando era triste per le ingiustizie nel mondo, quando era emozionato di fronte a un piccolo, quando era spaventato all'idea di perdermi, quanto amore aveva da donarmi.

Ma piangere, non lo avevo visto mai.

In fin dei conti, pensavo, doveva essere una lacrima che sgorgava dall'emozione.

Non mi diedi per vinta. Ero disposta ad attendere tutto il tempo necessario, ne valeva la pena.

Clauss faceva spesso visita ai bambini del villaggio e all'improvviso mi confidò «Sai Amelia, un giorno mi piacerebbe che m'accompagnassi. Vorrei farteli conoscere tutti e specialmente occhi di riso.»

«Lo desidero tanto anche io, li adoro con le loro voci cristalline e voglio già bene a quella bambina.»

Mi travestii con un ampio cappotto beige e misi un cappello, per non far vedere le mie orecchie a punta.

Clauss portò un sacco colmo di giocattoli. Cavalli, leoni, principesse, abilmente intagliati nel legno. E i bambini se li scambiavano, felici. Le risate ci solleticavano i timpani e i sorrisi ci scaldavano il cuore.

Poi arrivò lei, occhi di riso, e capii perché la chiamavano con quel soprannome.

Aveva il viso squadrato e quando ridacchiava tirava un po' fuori la lingua, che stranamente era a punta. I suoi occhi erano sottili e lunghi, proprio come dei chicchi di riso. Assomigliava quasi a un essere incantato. Così interrogai il mio fidanzato: «Ornella è un po' diversa dagli altri bimbi. Come mai Clauss?»

«Non è diversa Amelia, è speciale. Perché nel suo cuore non c'è traccia di cattiveria. Sai, i suoi genitori non l'hanno voluta, quando è nata, perché la credevano malata. Ha la sindrome di down. L'ho conosciuta in orfanotrofio. All'inizio per lei non è stato facile.

Cresceva e gli altri bambini non la lasciavano giocare. La prendevano in giro perché non era capace di fare alcune cose. Ma Ornella non si arrabbiava. Rideva con loro se le capitava di cadere, o di fare un disegno semplice. Fu così che dalla sua bontà nacque un miracolo. Accorgendosi che mai se la prendeva per le angherie subite o per le prese in giro, smisero di deriderla e si pentirono. Le chiesero scusa e si abbracciarono tutti.»

«Un pomeriggio nella struttura arrivarono Giuditta e Nicola – Clauss mi spiegò l'epilogo della vicenda - Lei è magliaia e lui falegname. Non hanno potuto avere figli e appena hanno visto Ornella si sono innamorati di lei e l'hanno adottata.»

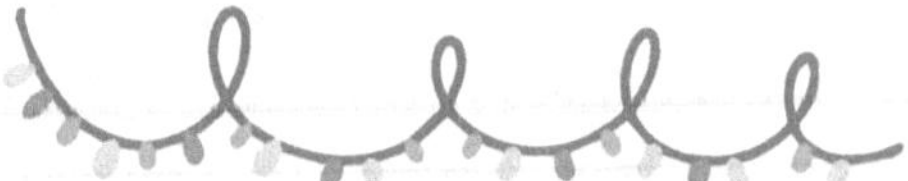

Mentre la guardavamo, occhi di riso, s'accorse di noi e corse verso Clauss: «È la tua fidanzata?»

Lui rispose di sì.

«È così bella. Spero che i vostri figli prendano da lei e non da te!»

«Piccola impertinente!» – si finse offeso.

«Clauss – lo abbracciò forte – sono tanto felice…»

«Anche io per te, piccola.»

E vidi una lacrima scivolargli sul viso. Gliel'asciugai e senza farmi accorgere, la misi nell'ampolla magica che mi aveva dato Diletta, mentre lo stringevo a me.

Ero sicura di voler trascorrere il resto della mia vita con lui e desideravo che diventasse il padre dei miei figli.

Non m'importava che per questa scelta avrei dovuto abbandonare il mio mondo e non vivere più nel bosco. Anche la più piccola delle case sarebbe stata, con lui al mio fianco, la più ricca delle regge, perché colma d'amore.

La sera stessa, con Diletta, portai la lacrima nell'ampolla all'Oracolo del bosco.

Indovinate un po' quale fu il responso? Esatto…

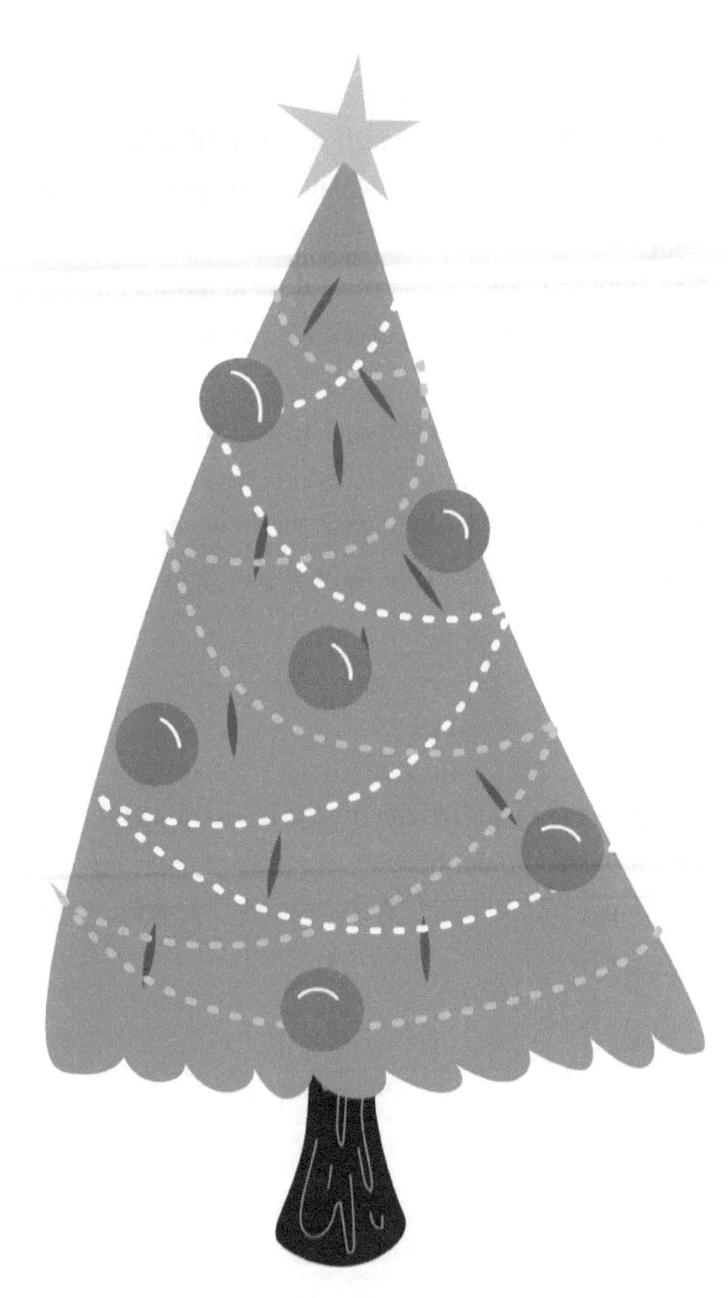

Il ricordo che non potrò mai mostrare ad Amelia

In fondo al mio baule ci sono due lettere ed una fotografia che mai potrò mostrare a mia moglie, non perché ci sia qualcosa di sbagliato in questi oggetti, ma giacché la sua gelosia è proverbiale. Gli elfi non perdono occasione per scherzarci.

Eppure quell'immagine e quei fogli ingialliti, per me sono dolci ricordi, e mai potrei rinunciare a rileggerli e ad ammirare quel viso ritratto.

15 dicembre 1919

Caro Clauss sono Giorgio.
Per tutto l'anno ho desiderato ricevere per questo Natale un modellino d'aereo. Da grande voglio diventare un pilota.

Eppure la lettera non te la scrivo per me ma per la mia mamma.

Sono molto orgoglioso di lei, è stata una delle più famose dive del cinema muto.

Sai cos'è un cinema? Tanta gente va in un locale dove c'è un grande schermo e lì si possono seguire storie avvincenti. È una magia. Si scorgono macchine lussuose o carrozze trainate da cavalli. Puoi tornare indietro nel tempo all'antica Roma o viaggiare nel futuro scoprendo come si trasformerà il globo.

Si chiama muto perché gli attori anche se parlano, non si sentono. Gli inventori stanno lavorando per introdurre il sonoro.

La mia mamma, Lyda, era bravissima, lasciava gli spettatori incantati e quando interpretava ruoli drammatici, tutti piangevano.

Poi ha conosciuto il mio papà. È un conte e noi viviamo in una casa che sembra un castello. La mia mamma è cresciuta in teatro perché anche i suoi genitori erano attori.

Il regalo che vorrei chiederti è di far tornare il sorriso sul suo viso perché lei vorrebbe ancora tanto recitare ma papà è troppo geloso, e ieri le ha buttato tutti i bellissimi vestiti del baule dove li aveva riposti per ricordo. Poi li ho sentiti litigare e lui le diceva che i soldati nella Grande Guerra si erano portati le sue foto in trincea per guardare il suo bel viso da diva e scodarsi delle bombe, dei fucili e delle cose brutte.

Lui urlava perché diceva che lei non era più una diva ma solo la moglie del conte Manfredo. Mia madre prima di correre in camera gli ha risposto che col matrimonio l'aveva rinchiusa in una gabbia dorata.

Caro Babbo Natale, se è vero che ogni bimbo può esprimere dei desideri per il 25 dicembre se son stati buoni, io ti assicuro che sono stato buonissimo e potrei richiederti due sogni.

Il primo è che i miei genitori non litighino più, il secondo è che mio padre capisca che mia madre senza recitare in teatro e al cinema non potrà mai essere davvero felice. Io sarei disposto anche a rimanere con la Tata nelle settimane che lei deve lavorare.

Ti abbraccio Clauss, confido nel tuo aiuto.

Ps Ti mando una foto della mamma di quando recitava.

Giorgio

Lyda era alta e molto magra, mi ricordava uno di quei serpenti non velenosi che scorgevo ondeggiare tra l'erba in estate.

Era così bella, si vestiva così bene, si truccava in modo così fascinoso da dare inizio a una moda dove tutte le signore s'ispiravano a lei per diventare più avvenenti.

Queste informazioni le ho avute dopo. Mandai infatti, il mio amico viaggiatore Aristotele a prendere informazioni su di lei e sulla sua famiglia, ma anche sul cinema.

Quando tornò al Villaggio mi confermò tutto quello che mi aveva svelato il piccolo Giorgio e mi disse: «Babbo Natale, devi venire assolutamente in Italia con me per assistere alla proiezione di un film, perché davvero non sono in grado di esprimere a parole lo stupore che il grande schermo suscita in chi assiste. E non ti riesco neppure a dire com'è bella, gentile e delicata Lyda. È una mamma così affettuosa e attenta... lo merita di tornare a sorridere.»

Io e Aristotele salimmo in groppa a Rudolf e ci facemmo portare a casa del conte.

Dovete sapere che gli elfi sanno preparare un profumo che se te lo spruzzi addosso e lo metti anche a chi sta dormendo, puoi entrare nei suoi sogni.

La reazione di un uomo fatto che s'è visto apparire davanti Babbo Natale è stata sicuramente bizzarra.

Mentre sonnecchiava ho chiesto al papà di Giorgio come si sarebbe sentito senza le sue ricchezze, senza il titolo di conte, senza il suo castello. E, dopo essersi ripreso dallo shock di stare chiacchierando con Santa Clauss, mi rispose che non lo sapeva.

Gli feci provare, allora, la sensazione di non essere più nei suoi panni.

Lo vidi piangere, avendo perso se stesso, così esclamai: «Manfredo, quando un uomo si crea una famiglia deve volere il benessere di tutti i suoi membri. Tuo figlio desidera percepire la sua mamma felice. E lei senza poter recitare, è smarrita e triste come te privato del tuo castello e del titolo di conte. Pocanzi ti sei sentito come si sente lei. Solo che a te passerà una volta sveglio, Lyda prova questo sconforto tutti i giorni. Nonostante ciò è una madre premurosa. Se la ami veramente, permettile di recitare ancora. Lei vi rispetta e tornerà sempre da voi, ma sorridendo come un tempo.»

Un anno dopo mi arrivò questa lettera da Giorgio.

12 dicembre 1920

Caro Clauss sono Giorgio. Ti ricordi di me e della mia bella mamma?

Volevo ringraziarti tanto, perché l'anno scorso hai esaudito il mio sogno.

Ora siamo tutti e tre felici. Il mio papà ha compreso e ha permesso alla mia mamma di tornare a lavorare in teatro e di tenere dei corsi di recitazione per bambini.

Lui è sereno perché lei è allegra, lei sorride perché riesce a conciliare bene il ruolo di moglie, madre e attrice e io sono lieto perché ho finalmente una famiglia unita.

Volevo informarti che anche quest'anno sono stato diligente e forse, mi merito l'aeroplano a cui ho rinunciato l'anno scorso.

Grazie Clauss! Ti voglio bene...

Giorgio

Questa vicenda è di tanti decenni fa, eppure io, Giorgio e la sua mamma, non li ho mai scordati e ogni tanto ho mandato a casa loro Aristotele per verificare come se la passassero.

Il mio amichetto da grande è diventato davvero un aviatore e ha girato il mondo. Lyda è divenuta una delle prime donne registe italiane e Manfredo ha deciso di realizzare un suo sogno da ragazzino. È tornato a dipingere. Ha allestito tante mostre e la sua musa è stata la moglie. A visitarle molte persone, fino ai suoi nipotini quando ormai era anziano.

Lo scrigno accoglierà un nuovo ricordo

Ti ramento gli accorddi pressi e ti aspeto il 23 dicembre alle 23.

Stai atento a non farte veddere e a non giocami brutti scerzi.

Tua Fortunatta Beee

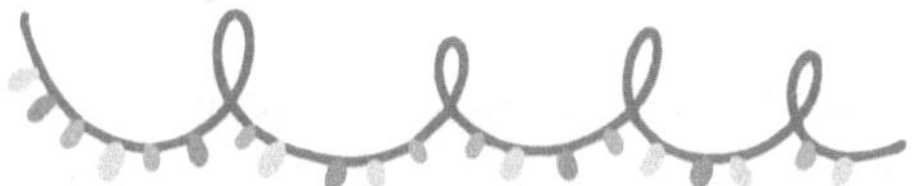

Quest'anno Aristotele ha scelto di farsi un giro in Valtellina, negli alpeggi.

Desidera stare lontano dal caos delle grandi città e godersi la natura con la neve, prima di Natale.

E indovinate un po'! Ha trovato anche l'amore.

A proposito, la storia ve la sto raccontando io, Conny, l'autrice del libro, perché per il momento l'evoluzione di queste vicende, non la deve conoscere n'è Clauss, né Amelia. Anzi proprio nessuno che sta al Villaggio del Polo Nord. Quindi mi raccomando, voi che state leggendo, non vi lasciate sfuggire nulla!

Vediamo, dov'ero arrivata… Ah sì, Aristotele s'è invaghito di Guglielmina, la detective assegnata alla casa di Natalie.

Quel briccone giramondo, fin da subito, le ha svelato i suoi sentimenti decantando le sue doti.

«Sei la più bella creatura del mondo, con le tue trecce color rame e le graziose lentiggini che ti adornano le gote. Sei anche la cuoca migliore dell'universo e sei molto simpatica. Ridi sempre alle mie battute!»

Se vi aspettavate romantiche poesie mi dispiace di avervi deluso. Ma che ci volete. Aristotele è un elfo pratico. E in fin dei conti ha ragione nel dire che Guglielmina è un'ottima pasticciera. I suoi omini di pan di zenzero, sono i più gustosi di tutto il Villaggio di Natale, con l'esatta quantità di cannella. Né poca, né troppa.

Guglielmina è dolce, ma anche coraggiosa.

Aristotele l'ammira molto per tale virtù, anche se nella sua dichiarazione si è dimenticato di dirglielo. Va bè, avrà tempo e modo.

È stato Giacomino, il cricetino di Natalie a raccontargli la loro straordinaria avventura, evidenziando la fortezza d'animo dell'elfa. Se non ci fosse stata lei, col suo sangue freddo, a risolvere tante situazioni, lui stesso non sarebbe stato lì a raccontare.

Aristotele è molto portato per le lingue straniere, e nel corso degli anni ha imparato tante parole, anche in zulu, giraffese, leonese e appunto, cricetese.

Quindi non è stato difficoltoso comprendere tutte le peripezie.

Giacomino non è abituato a stare nella gabbietta, così la sua padroncina, una bimbicina con i lunghi capelli biondi e la esse sibilante a causa dei due denti davanti persi, lo lascia libero di gironzolare per la fattoria.

Così è diventato amico del pastore abruzzese Nebbia, incaricato di scortare le greggi di pecore dalle alture alla pianura, per la transumanza; chiacchiera spesso con le capre gemelle Violetta e Rosetta; non è molto amico del gatto Rodolfo, che prima tentava spesso di mangiarselo, mentre ora che ha capito il debole di Natalie per questo simil topo, si limita a tormentarlo con scherzi di cattivo gusto. Come quando gli ha rovesciato in testa un secchio di cacca di maiale.

Orrore, penserete. Decisamente sì e per togliersi la puzza di dosso il criceto è dovuto stare a bagno nello stagno vicino ben quattro ore, con le rane che lo guardavano storto e i girini che gli solleticavano i piedi.

La migliore amica di Giacomino è la pecora Fortunata.

Gli ovini, nel mondo animale, sanno narrare le storie meglio di chiunque altro. Per questo il criceto la adora e trascorre tante ore ad ascoltarla.

I due hanno la stessa età. La differenza è che Giacomino, fino a marzo, non si era mai mosso dalla fattoria mentre Fortunata aveva visitato il mondo.

Oddio, il mondo si fa per dire, ma per Giacomino già solo intravedere il mare era un sogno da realizzare. Gli sarebbe piaciuto anche fermarsi lungo il sentiero ad ammirare i fiori che non aveva mai visto e riposarsi d'estate, steso pancia all'aria, mentre Fortunata brucava l'erba, oppure guardare la forma delle nuvole mentre si rinfrescava con la rugiada attaccata ai fili d'erba.

Vi svelo che il corso degli eventi è cambiato lo scorso dicembre, quando

Giacomino e Fortunata hanno deciso che era ora di finirla con i sogni e che bisognava passare all'azione.

Scrissero una lettera a Babbo Natale.

Non vi scandalizzate per gli errori di grammatica! D'altronde cosa pretendete da una pecora e da un criceto?

Caro Babo nattale,

siamo Fortunata e Giacomino, due migliori amichi che ppiù mighiori amici nun zi può.

Io, Fortunata, voghio mostrare il mondo a Giacomino.

Io, Giacomino, me ne voglio parthire questa privaverà cò tute le pecore.

Per favore, Babo nattale, pure noi animali che ci

combortiamo bbene abiamo dirito a 1 regali.

E noi siamo le bestiole più bbone di tuta la fatoria.

Faci trovare nela stala, come regalo, una saca da metere al collo di Fortunata. Io mi ci nascondo, che sono picolino, così nun me vede nesuno e nun mi stango a caminare che ho zamptte corte.

Tuoi afesionatisimi Fortunata e Giacomino

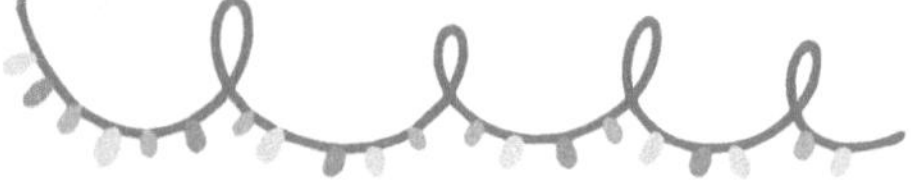

Ei non sta bene ridere se uno a scuola non ci è potuto andare e non sa tanto scrivere!

Va bè, se lo avete fatto, per stavolta siete perdonati, ma solo perché si sono sganasciati dalle risate anche Babbo Natale e Amelia, quando l'hanno letta.

Poi, siccome si sono sentiti in colpa per averlo fatto, hanno mandato a chiamare il capomastro degli elfi, per commissionargli la cartella più bella che si fosse mai vista, con dentro ogni confort e leggera come una piuma, per non far affaticare Fortunata.

La notte di Natale il cricetino ha dormito nella stalla

con la sua amica pecora. Hanno fatto una gran fatica, emozionati com'erano a prendere sonno. L'indomani la gioia che li ha pervasi nel trovare quella cartella era incontenibile.

A Giacomino sembrava che fosse la più ricca delle regge. C'era pure un taschino con dei semini di girasole da sgranocchiare lungo il cammino.

12

L'estate delle avventure

Quante avventure meravigliose hanno vissuto quest'estate Giacomino e Fortunata. A loro si è aggiunta una compagnia speciale, la prode elfa Guglielmina. Vi ricordate chi è? Esatto colei che ha rubato il cuore ad Aristotele.

Al Polo si era diffusa la storia del criceto che desiderava viaggiare e Babbo Natale voleva che gli riferissero ogni dettaglio. Così incaricò la sua cuoca di seguirli.

Fece un dono anche a lei, meritava una vacanza, sempre indaffarata tra uova, farina e zucchero, ad impastare dolci natalizi.

Nessuno dei tre immaginava le sconvolgenti peripezie che li attendevano.

Un pomeriggio mentre camminavano sul sentiero, intravidero il mare. Corruppero il guardiano Nebbia, con un piatto di spaghetti al pomodoro, sapientemente cucinati da Guglielmina e di notte sfuggirono al pastore. Corsero a perdifiato lungo i viottoli e i prati, imboccarono scorciatoie seguendo i cartelli, e infine arrivarono in spiaggia.

Illuminati dalla luna calpestarono la sabbia, ridendo a crepapelle, perché provavano solletico. E poi tutti insieme si fecero il bagno al mare.

Che strana quell'acqua salata, ma che magico profumo. Ve lo immaginate se qualcuno li avesse sorpresi?

Che stupore nello scoprire un'elfa, un criceto e una pecora che nuotavano tra le onde.

Fecero amicizia con il granchio Gennaro e il paguro Bernando, che raccontarono loro che in spiaggia si può ascoltare la musica più bella del mondo. Le risate dei bambini, che si rincorrono, costruiscono castelli, e imparano a restare a galla.

Prima dell'alba, i tre, tornarono insieme dal gregge.

13

Come fu che Guglielmina, Fortunata e Giacomino salvarono un cucciolo dalle fiamme.

L'estate volgeva al termine e come ogni sera i tre amici, quando gli altri si erano addormentati, si sdraiavano sul prato a contemplare le stelle e a disquisire su quale evento del giorno, fosse il loro preferito.

Eppure quella sera gli argomenti erano diversi dal solito.

Fortunata aveva scoperto di aspettare un agnellino ed era davvero emozionata. I suoi due amici, non stavano più nella pelle all'idea di diventare zii.

Ognuno proponeva un nome per il nascituro.

Pudding era quello suggerito da Guglielmina. Ma Fortunata non era molto convinta di dare al cucciolo un nome così esotico.

Seme di girasole era la scelta avallata da Giacomino. Ma anche questo risultava piuttosto bizzarro per una pecora.

«Se gli mettessimo il nome di una costellazione?» - proruppe in un lampo di genio l'elfa.

L'idea non sembrò male agli altri due che se avessero avuto un po' più di tempo, forse, dal firmamento, avrebbero avuto la giusta ispirazione.

Proprio in quei minuti i tre furono distolti dalle loro questioni, dall'abbaiare persistente di Nebbia.

«Cos'avrà quel cane ora?» - chiese la pecora.

«Avrà visto un cinghiale» - rispose il criceto.

«Ma no – affermò l'elfa – sta succedendo qualcosa vicino all'accampamento di Nello! Guardate che fumo esce dalla sua rimessa.»

Era scoppiato un incendio e tutti correvano. Mica c'erano i pompieri in campagna. Bisognava ingegnarsi. Così i pastori iniziarono a tirare fuori dal pozzo secchi colmi d'acqua, formando una catena umana. L'ultimo della fila doveva buttarla sulla struttura.

Ma non era facile, occorreva più acqua.

I tre amici guardavano la scena atterriti.

Ad un tratto Guglielmina disse «Per la stella cometa, ma lì dentro c'è un cucciolo. Lo sento chiamare mamma.»

Gli elfi hanno un superudito.

Tra i tre quella che aveva la voce più forte era Fortunata.

Così Gugliemina le chiese: «Grida più forte che puoi e chiedi al cagnolino in che parte precisa è della rimessa.»

La pecora belò con tutto il fiato che aveva in corpo. E Guglielmina sentì la risposta del piccolo singhiozzante.

«Sono nascosto dietro la carriola, non vedo niente. Mi bruciano la gola e gli occhi» - gemette.

Nel frattempo arrivò la madre, che era andata nei boschi inseguendo una lepre.

Si precipitò alla porta, come per far capire che il cucciolo era lì.

Ma nessuno degli uomini ebbe il coraggio d'entrare in quell'edificio arroventato.

Ci pensarono dunque i tre amici, che d'altronde già

stavano facendo un lavoro di squadra, poiché Guglielmina aveva avvertito la richiesta d'aiuto e stava orga-
nizzando il salvataggio e Fortunata gridava al cucciolo le istruzioni.

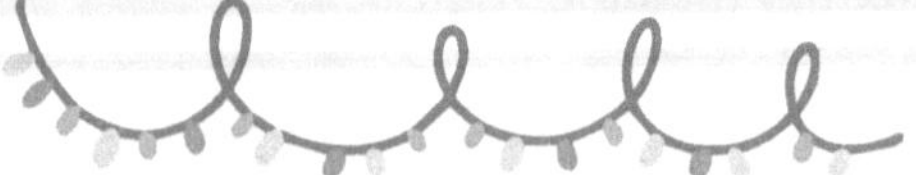

Nel frattempo arrivò la sua mamma, Polpetta, che
non si dava pace per aver lasciato solo suo figlio. Così
giunse il turno di Giacomino che, dopo averla rassicu-
rata, s'offrì d'entrare, essendo il più piccolo di statura.
S'intrufolò tra le gambe dei pastori e, individuata la
carriola raggiunse il cucciolo.

Pizza, questo è il suo nome, accorgendosi del criceto,
iniziò a scodinzolare felice perché si pensò in salvo.

Così fu. Giacomino lo portò fuori giusto in tempo,
prima che il soffitto crollasse.

I pastori applaudirono.

La mamma strinse Pizza tra le zampe, promettendo
al mondo di non lasciarlo più da solo.

Fortunata e Guglielmina, guardarono ammirate Giacomino, che con il suo coraggio era diventato un eroe.

Ad ogni modo, seppur straordinaria, non è questa la vicenda più fantastica che i nostri bricconi hanno vissuto la trascorsa estate.

14

L'autunno si avvicina

Tutte le avventure giungono al termine e la prima foglia che Guglielmina vide cadere ondeggiando da un albero, annunciò che la loro straordinaria vacanza era giunta al termine.

Un velo di malinconia pervase i loro animi ma ci pensò l'elfa a tirare su il morale di tutti.

«Dai su, ci aspettano tante cose belle, non siate tristi. Avremo un cucciolo tutto per noi da crescere e accudire e l'inizio dell'autunno indica che Natale sta arrivando…»

Al pensiero dei fiocchi di neve, della cioccolata calda, delle carote, dei semini e dei biscotti di pan di zenzero, quando fu il momento di riprendere il cammino, tutti erano più sereni.

Fortunata non riusciva a stare al passo con le compagne.

Giacomino ipotizzava che fosse perché era molto ingrassata da quando aspettava il suo agnellino. Così decise che il viaggio di ritorno lo avrebbe fatto a piedi anche lui perché non voleva essere un peso nella sacca che la sua amica si era rimessa al collo.

«Ho un po' di mal di pancia. Credo di aver esagerato con l'ultimo pasto. Ho sete.»

«C'è un ruscello qui vicino – l'informò Gugliemina – possiamo un attimo allontanarci dal gregge per bere»

Quella che doveva essere una breve pausa si trasformò in tutt'altro.

Vicino al ruscello Fortunata si stese: «Credo che l'agnellino stia per nascere!»

Giacomino corse dal pastore per cercare di avvertirlo. Ma era così piccino che l'uomo non fece neppure caso alla sua presenza.

Cercò Nebbia, per chiedergli di abbaiare, ma s'accorse che guidava la fila ed era troppo distante per essere raggiunto.

Si rassegnò all'idea di aver fallito e preoccupato raggiunse le amiche.

Trovò una sorpresa: l'agnellino era nato. Ed era così candido e carino.

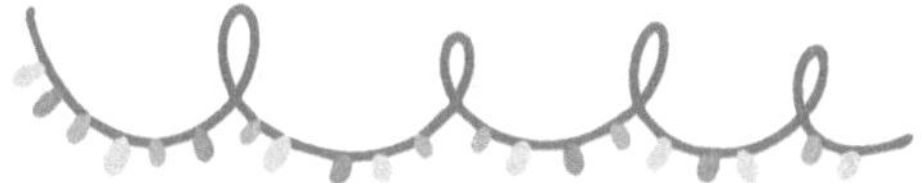

Era stata Guglielmina, sfoderando un coraggio temerario – è questo l'episodio appreso da Aristotele che lo ha fatto innamorare ancor di più di lei- ad aiutare Fortunata a mettere al mondo suo figlio. Era un maschietto.

Aveva le gambette così graciline, e quando la mamma lo ha aiutato a mettersi in piedi, il criceto ha trattenuto il respiro perché temeva che quelle zampette si potessero spezzare. Non fu così, anzi il cucciolo iniziò subito a succhiare il latte dalla sua mamma. Dolce e amorevole.

I tre aspettarono qualche giorno per riprendere il cammino in modo che la pecora riacquistasse le forze e l'agnellino imparasse bene a camminare

Tanto ormai era impossibile raggiungere la squadra.

Guglielmina, con gli strumenti magici degli elfi detective, fece arrivare un telegramma a Babbo Natale.

Clauss, Fortunata ha partorito prima del previsto. STOP

Non siamo sicuri di riuscire a trovare la strada di casa. STOP

Per favore, mandaci Rudolph. STOP

Per guidarci e illuminarci il cammino di notte. STOP. Grazie STOP

Ti faremo un bel regalo per ricompensarti. STOP

Tua affezionata Guglielmina STOP

Guglielmina aveva un buon senso dell'orientamento. Lei e Giacomino salirono in groppa a Rudolph , seguiti dalle due pecorelle.

Ci misero circa un mese per risalire in montagna e quando il pastore, la sua famiglia e gli altri animali della fattoria li videro arrivare, gli fecero tante feste e un lungo applauso.

L'elfa riprese il suo posto vicino a Natalie, Fortunata e il suo cucciolo si riposarono accuditi nella stalla e

Giacomino se ne stette un po' nella sua gabbietta.

Occorreva anche a lui un po' di riposo dopo quest'ultima avventura, e il ruotino non gli sembrava più tanto male.

Cosa? Come hanno chiamato alla fine l'agnellino?

Fortunato perché, come la sua mamma, è stato molto protetto nel superare tutte le peripezie e perché fin dalla nascita ha degli amici sinceri e leali.

15

Per lo scrigno di Babbo Natale

Guglielmina e i suoi, non si sono dimenticati della promessa fatta nel telegramma a Babbo Natale. Gli hanno confezionato un bel regalo sia perché grazie al dono della sua sacca ha fatto vivere loro un'avventura pazzesca, ma anche perché ha protetto il percorso del loro ritorno a casa.

Guglielmina una sera d'autunno è andata con Giacomino nella stalla e dopo aver fatto un po' di coccole a Fortunato, si sono accordarti tutti per il dono da realizzare.

Guglielmina ha narrato loro la storia dello Scrigno di Babbo Natale e di alcuni degli oggetti che vi sono contenuti e hanno cominciato a fantasticare che quest'anno il nuovo ricordo da porre nello scrigno potrebbe essere il regalo che hanno ideato.

Volete sapere a cosa stanno lavorando?

A una sciarpa speciale che Clauss possa indossare alla Vigilia di Natale per ripararsi dal freddo vento che, sulla slitta, gli scompiglia sempre i capelli, mentre è intento a consegnare i doni.

Cosa avrà di tanto speciale, vi staserete chiedendo… Santa Clauss ce l'avrà già una sciarpa, no?

Certo che ce l'ha, ma questa sarà differente dalle altre perché è stata creata dalla vera amicizia.

La lana l'ha messa Fortunata.

Guglielmina ha raccolto i fiori di campo e le foglie di castagno per dare il colore all'indumento.

Infine Giacomino, che ha svelato agli amici di saper ricamare, fatto del quale un po' si vergogna, ha imbastito la scritta che meglio sintetizza quanto ha unito tutti i protagonisti di quest'ultimo racconto.

«A Natale tutte le strade conducono a casa.»

E Aristotele in tutto questo che c'entra?

Il 23 dicembre alle 23 si recherà nella stalla da Fortunata, che ha tenuto nascosto il dono sotto il fieno, e dovrà portarlo al Polo Nord, da Babbo Natale, per essere indossato alla Vigilia.

Tutti e tre gli amici hanno un ennesimo desiderio, espresso ad ogni stella cadente scorta nel cielo da quando hanno avuto l'idea della sciarpa: che Babbo Natale la metta anche il prossimo 25 dicembre, per la cerimonia.

Come quale festa? Ma il matrimonio di Guglielmina e Aristotele no?

I testimoni della sposa saranno Fortunata e Giacomino.

Quelli dello sposo Clauss e Amelia.

Il damigello è Fortunato.

E dopo la cerimonia, omini di pan zenzero per tutti… già, quelli con la giusta quantità di cannella! Né poca, né troppa.

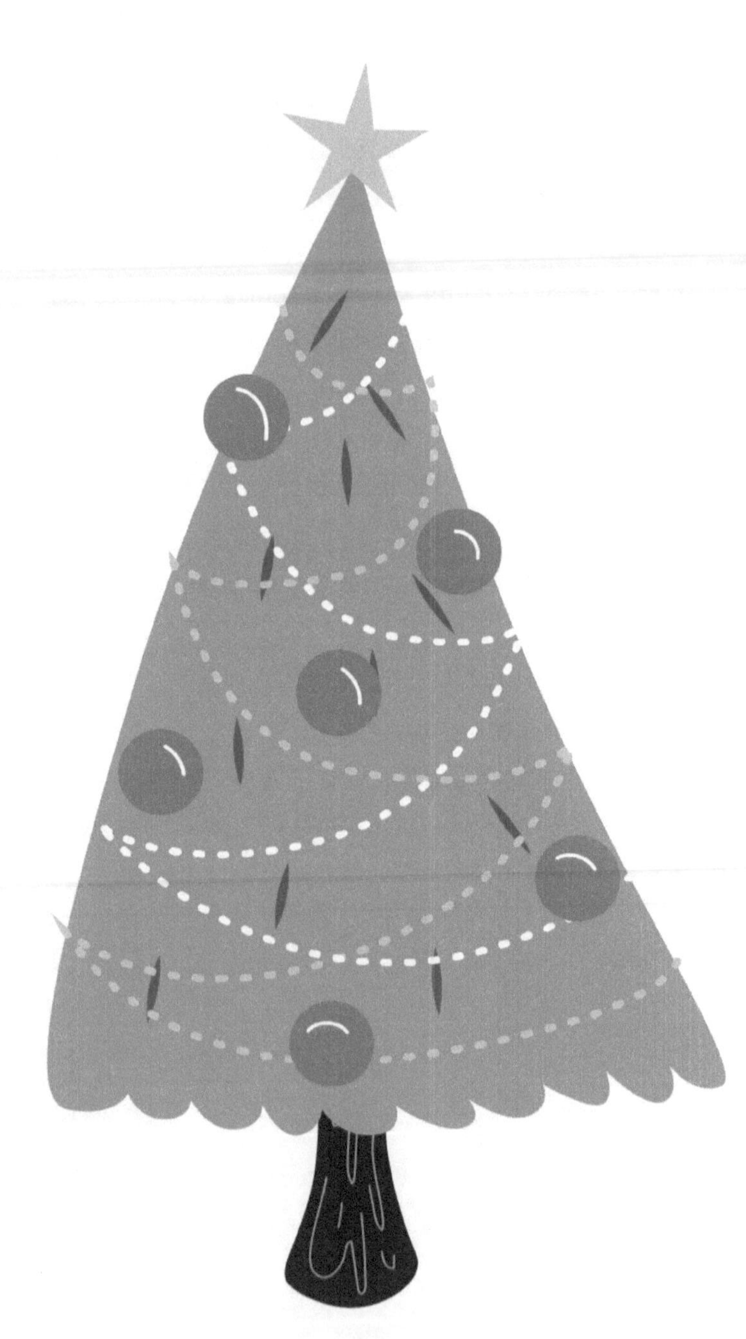

Siccome il Natale è vicino, Guglielmina ha deciso di condividere con voi la sua infallibile ricetta degli Omini di Pan di Zenzero, in modo che possiate preparali e festeggiare il matrimonio a distanza.

I BISCOTTI DI PAN DI ZENZERO DI GUGLIELMINA

Ingredienti:

- 360 gr di farina '00
- 75 gr di zucchero semolato
- 75 gr di zucchero di canna
- 150 gr di burro freddo
- 150 gr di miele o melassa
- 1 uovo
- 2 pizzichi di sale
- 1/2 cucchiaino di bicarbonato
- 2 cucchiaini di zenzero in polvere
- 2 cucchiaini di cannella in polvere
- 1/2 cucchiaino di noce moscata
- 1/2 cucchiaino di chiodi di garofano

Procedimento:

Disponete la farina a fontana su un piano di lavoro.

Aggiungete le spezie e il resto delle polveri. Sbattete al centro della fontana, l'uovo con lo zucchero di canna, lo zucchero semolato e con la forchetta, aggiungete un po' alla volta le polveri. Spezzettate il burro freddo e con le mani impastate velocemente, amalgamando gli ingredienti.

Formate una palla con l'impasto, che risulterà morbido, e avvolgetelo in una pellicola per alimenti schiacciandolo leggermente.

Mettetelo mezz'ora in frigorifero. Riprendete l'impasto e dividetelo in 3 panetti.

Stendete un panetto alla volta con un mattarello infarinato ad uno spessore di 4-5 mm e intagliate la sfoglia con un taglia biscotti leggermente infarinato a forma di omino di pan di zenzero. Disponeteli abbastanza distanti su delle teglie foderate con carta da forno e cuocete a a 180° per 12 minuti.

I biscotti appena sfornati risulteranno morbidi, lasciateli raffreddare, si solidificheranno in poco tempo ma il cuore resterà leggermente morbido.

Procedete con le decorazioni realizzate con la ghiaccia reale, dopo alcune ore, in modo che i biscotti si siano totalmente raffreddati.

PER LA GHIACCIA REALE

Ingredienti:

- 150 – 170 gr di zucchero a velo vanigliato
- 1 cucchiaino di succo di limone fresco
- 30 gr di albume d'uovo fresco

Procedimento:

Fate montare con il frustino elettrico gli albumi con lo zucchero a velo e il succo di limone. Decorate gli omini a piacere. Potreste usare anche del colorante alimentare per parte della ghiaccia per fare più disegni oppure quando è ancora fresca, porci sopra confettini colorati o cuoricini che potete acquistare e trovare nel reparto di decorazioni per dolci nei supermercati.

BIOGRAFIA

Conny Melchiorre, nasce a Lanciano il 27 ottobre 1977.

Consegue la laurea in Filosofia, nel 2001 all'Università degli Studi di L'Aquila, e la laurea magistrale in Scienze Pedagogiche, nel 2014 all'Università D'Annunzio di Chieti, entrambe con 110 e lode.

Docente di ruolo di Filosofia e Storia al Liceo Scientifico Algeri Marino di Casoli è giornalista pubblicista, iscritta all'ordine d'Abruzzo dal 2006. Ha collaborato con varie testate regionali, Nuovo Abruzzo Oggi, Il giornale della Frentania, Nuovo Molise Oggi, L'amico del popolo.

Attualmente collabora con le testate nazionali, Confidenze tra Amiche di Stile Italia edizioni e Airone della Cairo editore.

Collabora con Abruzzo Live TV. Organizza corsi di scrittura creativa, ed è giudice nazionale di Debate; è presentatrice di eventi, convegni ed ha redatto testi per guide turistiche, gastronomiche e di arte. Ha il blog Le curiosità di Sophia.

Nel 2020 esce il suo primo romanzo, *Fiori d'oriente*, Aletheia editore. Nel 2021 pubblica *Lettere di Stagione* e *I racconti del focolare – Un Natale per grandi e piccini* e nel marzo 2022 *T'amo ed altre storie*.

Lo scrigno di Natale è la sua quinta opera

PER IL LETTORE

Cari lettori, vorrei spiegarvi perché ho scelto di pubblicare questo ed altri miei libri, in *self publishing*.

La lettura può aiutare in tanti momenti di difficoltà o allietare giorni qualunque. Ancora i personaggi di un romanzo possono entrare nel cuore di chi legge a tal punto da diventare amici dei ricordi.

Bene, comunicare e arrivare a quante più persone possibili è il sogno di chi scrive. Con il Covid, in tanti, si sono trovati in difficoltà e io con il self voglio tenere il costo dei miei libri basso, in modo da renderli accessibili anche a chi non ha grandi possibilità.

Li lascio spesso nelle mensole del Book Crossing o li dono alle Biblioteche degli ospedali.

Tuttavia non è facile farsi conoscere quando si deve

fare tutto da soli.

Se il libro vi è piaciuto, spero di sì ☺, vi va di aiutarmi?
Lasciate una recensione o una votazione su Amazon o Goodreads.
E se vi fa piacere seguitemi…

Su Facebook: Conny Melchiorre Autrice
Su Instagram: melchiorreconny
Su Tik Tok: connymelchiorreautrice

Buon Natale!!! Conny

SOMMARIO